Frau
Wolfgang M. Lehmer

AF139445

Frau

Reihe „52'er"
Band 3

Bibliografische Information der Deutschen Nationalbibliothek:
Die Deutsche Nationalbibliothek verzeichnet diese Publikation in der
Deutschen Nationalbibliografie; detaillierte bibliografische Daten
sind im Internet über http://dnb.dnb.de abrufbar.

Erstveröffentlichung

ISBN: 978373865951-1

Herstellung und Verlag:
BoD – Books on Demand, Norderstedt

http://wolfgang-m-lehmer.de.to

Eine Junge frisst auch nicht
mehr als eine Alte.

Volksweisheit

Weiber, ein Mysterium oder einfach völlig durchgeknallt?

Sheldon Cooper

Brüste

GLITZER

Strumpfhose

Feenstaub

Räucherstäbchen

Push Up

unzufrieden

Po

High Heels

unlogisch

Strapse

Menstruation

Tampon

Diät

Obst

Haare

SPIEGEL

Vagina

Zicke

quäken

Handtuchturban

Bademantel

Blasenentzündung

Einhörner

Klitoris

Yoga

Migräne

Romantik

HEXE

Rock

Hormone

GELTUNGSSUCHT

Fingernägel

kreischen

Kleider

PMS

epilieren

Wäsche

Lippen

Eifersucht

Vulva

Esotherik

Hysterie

Brustwarzen

Shampoo

Haarwäsche

Lippenstift

putzen

Make Up

Venushügel

Creme

Parfum

Slip

Schmuck

Bikini-Zone

Launen

Umarmung

weinen

Prinzessin

Weib!

In der Taschenbuch-Reihe „52'er" bereits erschienen:

Band 1

365 Worte
neudeutscher Sprachführer
Taschenbuch, 52 Seiten
auch als e-book erhältlich
ISBN 978-3-73865-711-1

Band 2

Boarisch fia Breißn
bayrischer Sprachführer
Taschenbuch, 52 Seiten
auch als e-book erhältlich
ISBN 978-3-73865-711-1

Band 3

Frau
Neo-Neo-Dada
Taschenbuch, 52 Seiten
auch als e-book erhältlich
ISBN 978-3-73865-951-1

Weitere Werke des Autors

Die Harphe - eine satyrische Weltenbeschau
satirische Kurzgeschichten
Paperback DIN A5, 128 Seiten
ISBN 978-3-86870-653-6

Die Posaune - eine Weltenbeschau
satirische Kurzgeschichten
Paperback DIN A5, 124 Seiten
ISBN 978-3-86870-855-4

Weisheiten - eine Sammlung
Philosophie
Taschenbuch, 68 Seiten
ISBN 978-3-73572-469-4

Kuchen - ein Gesamtkunstwerk
Neo-Neo-Dada
Hardcover, 112 Seiten
ISBN 978-3-73865-833-0